Mehr über unsere Bücher, Autor:innen und Illustrator:innen auf
www.thienemann.de

Dörte Beutler und Marc-Alexander Schulze:
Die Ostergeschichte
ISBN 978 3 522 30465 8

Text: Dörte Beutler
Illustrationen: Marc-Alexander Schulze
Einbandtypografie: Sabine Reddig
Innentypografie: Eva Mokhlis
Reproduktion: HKS-artmedia GmbH, Leinfelden-Echterdingen
Druck und Bindung: Livonia Print, Riga

Die Ostergeschichte

Nacherzählt von Dörte Beutler
Illustriert von Marc-Alexander Schulze

Gabriel

Vor langer Zeit zog Jesus durch das Heilige Land.
Er wanderte von Ort zu Ort und erzählte von Gott.
Zwölf Jünger begleiteten ihn, sie waren seine Freunde.
Die Menschen mochten Jesus. Sie freuten sich, wenn er
zu ihnen kam, und hörten ihm aufmerksam zu.
»Du bist der Sohn Gottes«, sagten sie. »Du bringst die
Liebe und den Frieden zu uns.«

Aber Jesus hatte auch Feinde. Die Hohepriester waren verärgert, weil die Menschen lieber Jesus zuhörten, wenn er von Gott sprach, und nicht mehr ihnen. Eifersüchtig behaupteten sie: »Jesus lügt. Er ist gar nicht der Sohn Gottes.«
Auch die Römer waren Jesus' Feinde. Sie fürchteten ihn, weil er wie ein König verehrt wurde. Die Römer aber meinten, dass ihnen das Land gehöre, sie wollten regieren und die Steuern einnehmen. Denn ihr Reich war groß und dafür benötigten sie viel Geld.

Es war die Zeit des Passahfestes gekommen.
Die Menschen machten sich auf den Weg nach
Jerusalem und auch Jesus zog mit seinen Jüngern
herbei, um das Fest dort gemeinsam zu feiern.

Die Menschen hatten von seinem Kommen
erfahren und so erwarteten sie ihn mit großer
Freude schon vor den Toren der Stadt.
Viele hatten sich versammelt, sie trugen Palmwedel in der Hand und jubelten ihm zu: »Hoch
lebe Jesus! Er soll unser König sein. Ein König
des Friedens.«
Sie legten die Palmwedel vor ihm auf den Boden
und breiteten ihre Mäntel wie Teppiche aus, damit
Jesus, der auf einem Esel ritt, sanft und wie ein
König in die Stadt Jerusalem einziehen konnte.

Die Feinde von Jesus ärgerte
die Freude und Begeisterung
der Menschen. Und sie fürchteten
sich. Denn die Römer wollten
Jesus nicht als König, sie wollten
die Macht im Land behalten. Und die
Hohepriester wollten die Einzigen sein,
die von Gott erzählten. Allein ihnen
sollten die Menschen zuhören.
»Wie können wir verhindern, dass Jesus
immer mächtiger wird?«, überlegten sie.
Es gab nur eine Lösung: Sie mussten Jesus gefangen
nehmen. Aber wie?

Nun gab es aber einen unter den Jüngern, Judas mit
Namen, der von Jesus enttäuscht war. Er war ihm
gefolgt, weil er meinte, dass Jesus ein König sei, der
in einem Palast lebt und wertvolle Kleider trägt.
»Aber ein König, der auf einem Esel reitet, ist ja
ein schöner König!«, dachte Judas.

So ging er heimlich zu den Hohepriestern und
machte ihnen einen Vorschlag: »Ich kann euch
helfen. Jesus vertraut mir und ich weiß, wo er
ist. Ich werde euch sagen, wo ihr ihn festnehmen
könnt.«
Die Hohepriester waren einverstanden und
versprachen ihm dreißig Silbermünzen für den
Verrat.

Am Abend darauf versammelten sich Jesus und seine zwölf Jünger
zum feierlichen Passahmahl. Als sie gemeinsam am Tisch saßen, sagte
Jesus: »Ich weiß, einer von euch wird mich bald verraten. Man wird
mich festnehmen und töten.«
Die Jünger erschraken. Einer von ihnen sollte Jesus verraten? Sie
waren doch seine Freunde. Ungläubig sahen sie einander an und
einer nach dem anderen fragte: »Meinst du mich? Bin ich es?«
Nur Judas schwieg.

Und Jesus antwortete ruhig: »Einer, der mit mir am Tisch sitzt, wird es tun. Das ist mein letztes Abendmahl mit euch. Doch seid nicht traurig, am dritten Tag nach meinem Tod werde ich wieder lebendig werden.«

Dann dankte Jesus Gott für das Essen und segnete es. Er teilte das Brot und gab allen davon. Anschließend reichte er ihnen einen Becher mit Wein.

Er sagte: »Macht es genau so, wenn ich nicht mehr bei euch an einem Tisch sitze. Ich werde bei Gott sein und ihr werdet mich nicht sehen. Aber ich bin trotzdem immer bei euch.«

Nach dem Essen, es war bereits Nacht, zog Jesus
mit seinen Jüngern aus der Stadt hinaus zum
Ölberg. Von dort sollten ihn drei Jünger zum
Garten Getsemani begleiten, wo er mit Gott
reden wollte.
Judas jedoch eilte zu den Feinden Jesus'.

Unter den großen Olivenbäumen des Gartens
ließen sich Jesus und seine Jünger nieder.
Dann bat Jesus: »Liebe Freunde, wacht mit
mir. Ich habe Angst davor, alleine zu sein.«
Er ging ein paar Schritte zur Seite und
betete: »Bitte, lieber Vater im Himmel,
bleib bei mir. Bitte hilf mir und mach
mich stark.«
Das Gebet zu Gott hatte Jesus geholfen.
Nun war er ruhig und nicht mehr
ängstlich. Er wusste, dass Gott
bei ihm ist.

Jesus kehrte zu den drei Jüngern zurück und sah, dass sie schliefen.
Verärgert weckte er sie: »Warum schlaft ihr? Ich hatte euch gebeten,
mit mir zu wachen.«
Die Jünger schämten sich. Jesus sprach weiter: »Jetzt steht auf, gleich
kommt der, der mich verraten wird.«

Da erschien eine große Schar Soldaten, bewaffnet mit Schwertern
und Stangen. Und Judas schritt vorneweg. Nun wussten die Jünger,
wer von ihnen Jesus verraten hatte. Judas aber trat vor und gab Jesus
einen Kuss auf die Wange, um den Soldaten zu zeigen, welcher von
ihnen Jesus war, und sprach: »Das ist er.«

Die Soldaten fesselten Jesus und brachten ihn vor den Rat der
Hohepriester. Die Hohepriester fragten: »Bist du Christus, der
Sohn Gottes?«
Jesus antwortete nur: »Ich bin es.«
Der oberste Priester war zufrieden. Nun hatte er einen Grund, Jesus
zu verurteilen: »Dieser Mensch hat Gott verhöhnt. Nach unserem
Gesetz darf sich niemand Sohn Gottes nennen.«
Jesus hatte die Wahrheit gesagt, aber er sollte wie ein Verbrecher
bestraft werden. Die Hohepriester und die Römer beschlossen, dass
Jesus am Kreuz sterben sollte.

Sie übergaben ihn wieder den Soldaten. Diese verkleideten Jesus als
König, setzten ihm eine Dornenkrone auf und verspotteten ihn.
Lachend riefen sie: »Seht, da steht er, der König, der Sohn Gottes.«

Am nächsten Morgen war Jesus schon sehr schwach. Trotzdem zwangen ihn die Soldaten, das schwere Holzkreuz auf den Schultern quer durch die Straßen von Jerusalem zu tragen, bis hinauf auf den Hügel Golgota.
Immer wieder stolperte Jesus und fiel hin.
Als er nicht mehr aufstehen konnte, holten die Soldaten einen Bauern, der gerade auf dem Feld arbeitete, und zwangen ihn, für Jesus das Kreuz zu tragen.

Auf dem Hügel wurde Jesus an das Kreuz gehängt. Er hatte
großen Durst und bat um Wasser. Aber die Soldaten gaben
ihm bloß einen mit Essig getränkten Schwamm.

Plötzlich verdunkelte sich der Himmel,
eine Finsternis brach über das Land herein.
Und Jesus rief: »Mein Gott, mein Gott,
warum hast du mich verlassen?«
Und er starb.

Es war schon Abend, da kamen Freunde von Jesus
und nahmen ihn vom Kreuz. Sie wickelten ihn
in frische Tücher und trugen ihn vorsichtig in ein
Grab, das in einen Felsen gehauen war. Mit einem
schweren Stein verschlossen sie das Grab.
Die Freunde waren traurig und hilflos. Wie sollte es
ohne Jesus weitergehen? Und sie waren wütend auf
sich, denn sie hatten Jesus nicht geholfen, sondern
waren einfach weggelaufen.

Doch sie hatten vergessen, was Jesus vor seinem
Tod gesagt hatte: »Ich werde sterben, aber Gott
wird mich wieder lebendig machen.«

Am dritten Tag nach Jesus' Tod machten sich drei Frauen
auf den Weg zu dem Felsengrab. Sie wollten den toten Körper
mit duftenden Ölen salben, wie es der Brauch war.
Doch am Grab angelangt, blieben sie verwundert stehen:
»Was ist das? Warum ist der Stein nicht mehr vor dem Grab?«,
riefen sie.
Sie betraten die Höhle, doch das Grab war leer. Die Frauen
begannen zu weinen. Hatte man ihnen Jesus weggenommen?

Plötzlich sahen sie einen jungen Mann mit einem strahlenden
weißen Gewand vor ihnen. Er sprach: »Was weint ihr? Jesus ist
auferstanden. Habt ihr vergessen, dass er euch das vor seinem
Tod gesagt hatte?«
Die Frauen erschraken: »Das haben wir vergessen.« Zu traurig
waren sie gewesen, um sich an die Worte Jesus' zu erinnern.

Schnell eilten die Frauen nach Hause. Voller Freude verkündeten sie: »Jesus ist auferstanden. Er lebt, so, wie er es gesagt hatte.«
Die Jünger jedoch zweifelten: »Das glauben wir nicht. Wo ist er denn? Warum ist er dann nicht bei uns?«

Kurze Zeit später saßen die Jünger zusammen. Sie hatten die Türen fest verschlossen, aus Angst vor den Soldaten. Doch plötzlich stand Jesus mitten unter ihnen. Er zeigte ihnen seine Wunden und ließ sich berühren. Und er brach das Brot für sie und reichte ihnen den Becher mit Wein, wie er es vor seinem Tod getan hatte. Daran erkannten sie ihn.
Jesus sprach zu ihnen: »Ich gehe nun zu Gott. Aber ich werde immer bei euch sein, auch, wenn ihr mich nicht seht. Geht zu den Menschen in der ganzen Welt, und predigt so, wie ich gepredigt habe. Erzählt von dem, was ich von Gott berichtet habe, und von dem, was ich getan habe.«

Und so zogen die Jünger durch das Heilige Land und viele andere Länder und taten, was Jesus ihnen aufgetragen hatte.

Was ist das Passahfest und warum wird es gefeiert?

Das Passahfest ist ein Fest der Befreiung. Die Israeliten waren lange vor Jesus' Zeit Sklaven in Ägypten. Gott ließ sie in einer Frühlingsnacht miteinander essen und führte sie in die Freiheit zum Gelobten Land. Das Fest wird seither jedes Jahr als ein Essen gefeiert und dabei wird die Geschichte von der Befreiung durch Gott erzählt.

Was ist das Abendmahl? Warum teilt Jesus das Brot und lässt alle aus einem Becher trinken?

Jesus hat beim Passah-Festessen mit seinen Jüngern gesagt, dass auch wenn er im Himmel ist, er in Zukunft im Brot und im Wein anwesend sein wird. Wenn wir also beim Abendmahl Brot essen und Wein oder Traubensaft trinken, dann sind wir ganz innig mit ihm verbunden.

Warum hat Gott Jesus nicht geholfen? Hatte er seinen Sohn nicht lieb?

Gott hat Jesus nicht so geholfen, wie wir Menschen das gerne hätten. Wir Menschen würden vom Tod lieber nichts wissen und Schmerzen vermeiden. Jesus aber hatte von Gott die Aufgabe bekommen, den Tod zu besiegen. Dazu musste Jesus sterben und dann wieder zurück ins Leben kommen. Gott hatte seinen Sohn so lieb, dass er ihm diese schwierige Aufgabe zutraute und zumutete.
Es ging aber vor allem um Gottes Liebe zu uns Menschen. Nur wegen dieser Liebe zu uns musste Jesus für uns leiden.